COCHER AU CASINO

A Monsieur F. VERDELLET

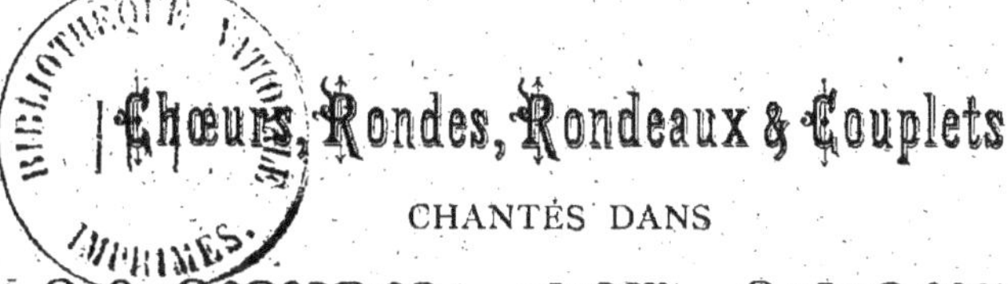

CHANTÉS DANS

COCHER AU CASINO

GRANDE REVUE LOCALE ET FANTAISISTE

De M. Henry MIN

REPRÉSENTÉE POUR LA PREMIÈRE FOIS AU CASINO DE LYON
LE 16 DÉCEMBRE 1886

DÉCORS NOUVEAUX PEINTS PAR M. NICOLAS VITAL
COSTUMES DESSINÉS PAR M. DRANER
EXÉCUTÉS PAR LA MAISON LANDOLFF DE PARIS

LYON
TYPOGRAPHIE ET LITHOGRAPHIE A. PASTEL
10, Petite Rue de Cuire, 10

1886.

C.

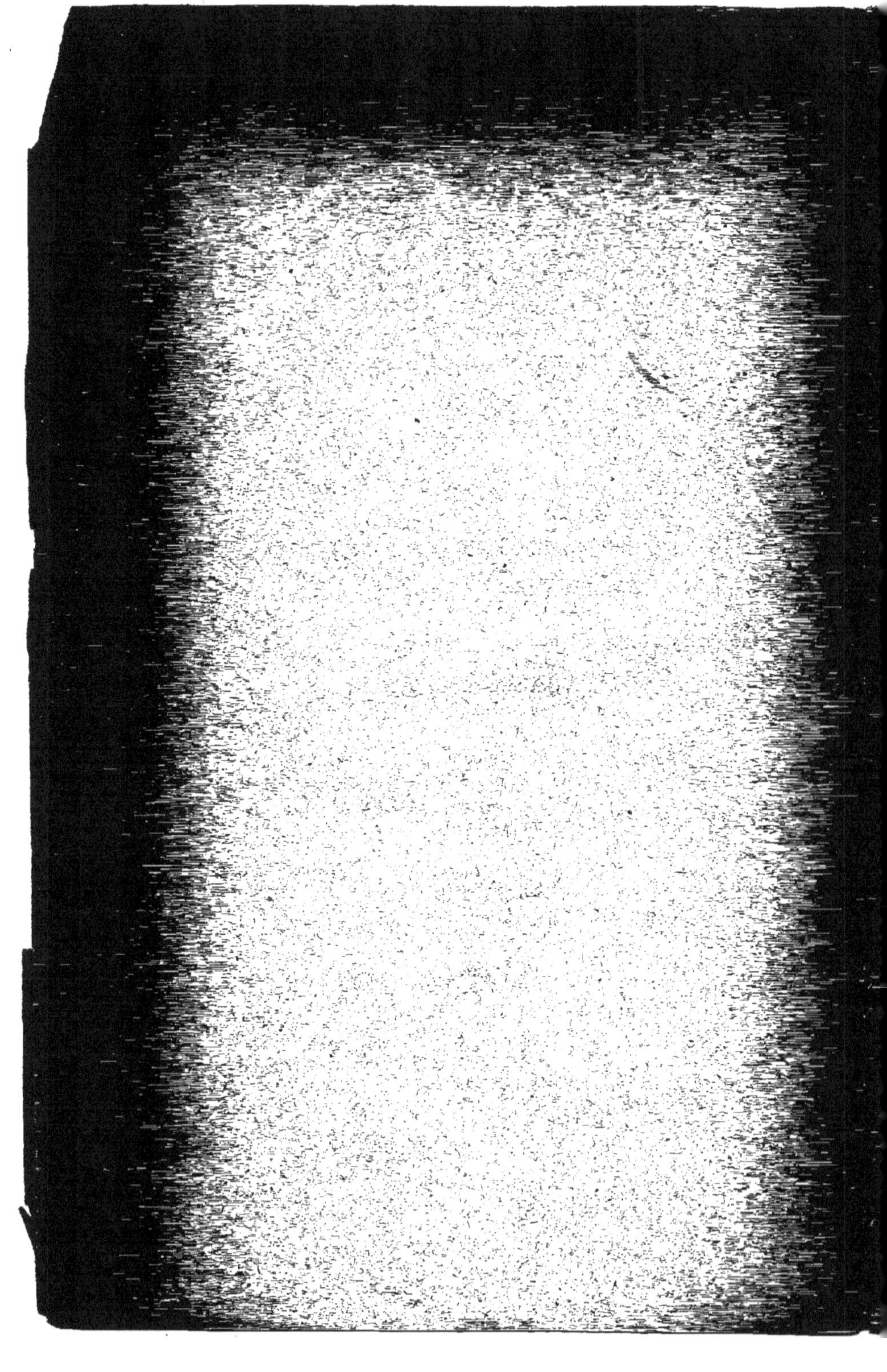

COCHER AU CASINO

GRANDE

Revue locale et fantaisiste de l'année 1886

Par Henry MIN

N° 1.

CHŒUR DES LUNES

Air de *Giroflée-Girofla.*

Voici le moment,
L'heure qui s'avance,
Où de l'espérance
Vient le dénouement ;
Point d'impatience,
O rêve charmant !
Point d'impatience :
Voici le moment.

LA LUNE (Mˡˡᵉ Paula Dupré)

Ne voyez-vous, à l'horizon,
Point d'espoir à ma pâmoison ?
Ah ! je me fatigue d'attendre !

LA LUNE ROUSSE (Mᵐᵉ Manausy)

Hélas, Lune ! non, rien ne point,
Rien de rien, de près ou de loin ;
Ma foi, c'est à n'y rien comprendre.
(Reprise de Voici le moment.)

CHŒUR DES LUNES

Par toutes les lunes — lunes,
Monsieur le Soleil — Soleil,
C'n'est pas pour des prunes — prunes
Que vous êt's vermeil — vermeil.
Votre épouse pleure — pleure
Votre éloignement — ch'napan
Et, bref, il est l'heure — l'heure
De payer comptant — comptant.

N° 2.   CHŒUR DES LUNES

Air de *La bière.*

O sort prospère,
C'est le Soleil,
Dont les rayons répandent la lumière !....
O sort prospère,
C'est le Soleil,
Chantons sa gloire et son éclat vermeil.

N° 3.   LE SOLEIL (M. FRÉNY)

Air de *Tout à la joie.*

Je suis le Soleil, me voilà,
(*Tous*)   Ah ! ah ! ah !
L'amour aujourd'hui m'amena,
(*Tous*)   Ah ! ah ! ah !
Et comm'je ne viens que pour ça,
(*Tous*)   Ah ! ah ! ah !
Allez voir un peu si j'suis par là.
(*Tous*)   Ah ! ah ! ah !

N° 4.   CHŒUR DES LUNES

Air de *M. Pantalon.*

Bonne nuit, bon sommeil ;
Aux ennuis l'éclipse fait trève :

Il fera plus d'un joli rêve ;
Il faut respecter son sommeil :
Bonsoir, monsieur le Soleil.

N° 5. CHŒUR DES LUNES

Air de *Moi j'mange fort.*

Que'qu'c'est qu'ça?
Que'qu'c'est qu'ça?
Ça r'mu', ça marche et ça crie!
C'est p't'être un monstre en furie,
Mais qu'c'est vilain, oh! la la!

MOULAPAIN (M. HENRY MIN)

Mes enfants, j'suis un homme,
Un être inoffensif;
Je suis plus mort que vif
Sous l'affreux coup qui m'assomme!

(Reprise de *Qu'qu'c'est qu'ça.*)

N° 6. CHŒUR DES LUNES

Nous restons en éveil,
Reprenez votre joli rêve;
Tâchez cette fois qu'il s'achève
Nous protég'rons votre sommeil :
Bonsoir, monsieur le Soleil.

N° 7. CHŒUR DES NOUVELLES LUNES

Air de *W. de Scheirder.*

Un', deux *(quatre fois.)*
Soyons ingambes,
Levons les jambes,
Et nous arriverons
Tout droit où nous allons;

La lune tourne,
Qu'on ne séjourne
Pas un seul instant
Sur cet élément.   } *(bis.)*

Un', deux *(quatre fois.)*

Sautons, sautons, sautons,
Et nous arriverons !   } *(bis.)*

LA NOUVELLE LUNE (Mlle B. Quérette).

Allons, un peu de peine,
Sautons à perdre haleine,
La lune, à reculons,
Marche et nous avançons.
J'aperçois, il me semble,
Lyon et ses habitants ;
Sautons donc tous ensemble
Encor quelques instants.

(Reprise de *Un', deux,* etc.)

N° 8.   LE SOUFFLEUR (M. Dhostel)

Air de *Bibi Bobino.*

Lorsque le soleil et la lune
Tous les deux partaient à p'tits pas
Comm'deux amants en bonn'fortune
Savez-vous ce qu'ils ont fait là-bas ?

Bibi Bobino, etc.

N° 10.   CHŒUR DES QUARTIERS DE LYON

Air d'*Offenbach.*

Assez d'espérance,
Notre patience
Se lasse et s'aigrit
Comme notre esprit,

Et nous réclamons,
Sans plus d'façons
Sur tous les tons.......
Toutes les largesses
Des vaines promesses
Que plus de cent fois,
Malgré tous nos droits,
Par de beaux discours,
On remit toujours.

Nᵒ 11. CHŒUR DES QUARTIERS DE LYON

Air de *La vie parisienne.*

Nous voulons,
Exigeons,
Partout d'énormes
Réformes ;
Nous voulons,
Exigeons
Tout ce que nous désirons.
Beaux palais,
Nouveaux quais,
Des jardins,
Des bassins,
Des tramways,
Des rabais,
Des concours
Tous les jours.

(Reprise de *Nous voulons.*)

Nᵒ 12. LA VILLE DE LYON (Mᵐᵉ D'ARMELLES).

Air de *La vie parisienne.*

Ah! de cette rebell'on,
Le sujet m'étonne et m'intrigue ;
Quel est le but de cette ligue
Contre la ville de Lyon ?

Nai-je pas, pour vous, les égards
Que l'on doit aux enfants qu'on aime?
Ingrats, je vous aime quand-même,
Et toujours, malgré vos écarts.
Holà! holà! holà! plus de pleurs, plus de cris,
Plus de vœux, de plaintes stériles;
N'êtes-vous pas la reine des villes,
La sœur cadette de Paris?
Voyons, contez-moi vos griefs:
Egale-t-on votre industrie?
Mieux que vous fait-on la soierie?
Parlez, parlez et soyez brefs.
Avez-vous à vous plaindre encor
De la jeunesse lyonnaise,
Vertueuse, — ne vous déplaise, —
Comme un secret de coffre-fort?
Allons, vos torts sont oubliés;
Votre esprit était à l'orage
Et vous avez fait du tapage,
Voilà tout ce que vous vouliez.

(Reprise de Nous voulons.)

N° 13. **MOULAPAIN** (M. HENRY MIN)

Air des Carrières de Montmartre.

Premier Couplet.

On dit que tout va changer
Sur la machine ronde;

LES QUARTIERS.

On dit que tout va changer
Sur la machine ronde;

MOULAPAIN.

On va vivre sans manger,
Sans payer, on va s'loger.

LES QUARTIERS.

Pour le coup, oui-dà,
Si nous voyons ça,
C'est qu'c'est la fin du monde !

Deuxième Couplet. — MOULAPAIN.

Nos députés, désormais,
Pour ne pas qu'on les gronde,

LES QUARTIERS

Nos députés, désormais,
Pour ne pas qu'on les gronde,

MOULAPAIN.

Vont prendre nos intérêts,
F'sant passer les leurs après.

LES QUARTIERS.

Pour le coup, oui-dà,
Si nous voyons ça,
C'est qu'c'est la fin du monde.

Troisième Couplet. — MOULAPAIN.

Les bell's de nuit, chaque soir,
Pris's d'un'sagess'profonde ;

LES QUARTIERS.

Les bell's de-nuit, chaque soir,
Pris's d'un'sagess'profonde ;

MOULAPAIN.

N'iront plus à l'assommoir,
Comm'des bich's à l'abreuvoir :

LES QUARTIERS.

Pour le coup, oui-dà,
Si nous voyons ça,
C'est qu'c'est la fin du monde !

Nº 14. LE PAVÉ (Mme B. D'ASTAND)

Air de *La lithographie*.

Parbleu, je suis le Pavé,
Depuis longtemps éprouvé,
Tourné, viré, soulevé,
Tant que j'en suis énervé !

Sur moi, Dieu ! qu'on a bavé,
Me traitant de réprouvé ;
En disant d'un désœuvré,
Il traîne sur le pavé !

Du héros jusqu'au crevé,
Opulents ou décavés,
Gens par la chance élevés,
Retombent sur le pavé.

Ah ! que n'a-t-on pas rêvé,
Sur moi, boueux ou lavé ?
Mais de mieux, c'qu'on a trouvé
C'est : Monseigneur le Pavé !

Bref : on m'a tout lessivé,
Et d'amertume abreuvé,
Que, comme un vrai réprouvé,
J'suis, moi-mêm', sur le pavé.

Allons, sur un réprouvé,
Depuis longtemps éprouvé,
Ayez le chapeau levé
Et saluez le Pavé.   (*Reprise en chœur.*)

Nº 15. CHŒUR DES QUARTIERS

Air du *Bon bourgeois* (Sellenick).

Quelle heureuse chance,
Préparons-nous
A supporter tous les coups ;
Je suis sûr d'avance,
De réussir
Au-delà de mon désir.   (*bis.*)

N° 16.   MOULAPAIN (M. Henry Min)

Air des *Anguilles*.

Aujourd'hui la femme pour plaire
Doit porter d'immenses chapeaux,
Des bavett's moll's, des cach'-poussière,
Et des petit's gibern's dans l'dos;
Les homm's mett'nt des petit's jaquettes,
Avec des pantalons trop courts,
Et leurs souliers sont des corvettes
Pour fair'le voyage au long-cours.

N° 17.   LA MODE (Mlle Reignier)

Air de *La Périchole*.

La mode (*bis*),
Il n'y a qu'ça !—
Tant que la terre tournera
Tant que le monde existera;
La mode (*bis*)
Il n'y aura qu'ça !

Mais, bah! la femme, quoiqu'on dise,
Vous séduit et vous charmera,
Tant qu'les homm's (faiblesse ou bêtise)
Trouveront le Dieu d'amour à.....

(Reprise de *La Mode*.)

N° 18. LA NOUVELLE LUNE (Mlle B. Quérette)

SYDONIE (Mme Révélia)

Jurons! jurons!
Ici que nous nous vengerons;
Sainte alliance
D'indépendance;
Sus au lapin,
Sus à cet animal malin
Qui périra bientôt de notre main!

N° 19. LE RAMASSEUR DE CHIENS (M. Deltot)

Air de *Loterie.*

Ça rapporte (*bis*),
Bon ou mauvais, au total;
Ça rapporte (*bis*),
Et c'est là le principal.

LE RAMASSEUR

La ville, qui n'est pas bête,
S'enrichit par cent moyens,
Et nous fait fair'not'cueillette,
Parc'qu'ell'sait bien qu'les p'tits chiens.....
(Reprise de *Ça rapporte.*)

LA NOUVELLE LUNE (Mlle B. Quérette)

Si vous recevez, madame,
Dans vos p'tits appartements,
Arthur, le chéri d'votre âme,
Prenez bien garde aux enfants.....
(Reprise de *Ça rapporte.*)

MOULAPAIN (M. Henry Min)

Sans frayeur, dans une famille,
On laisse courir un garçon;
Mais, on met sous clef la fille,
Parc'qu'on sait c'qu'à la maison...
(Reprise de *Ça rapporte.*)

N° 20.   BLAGUOPHONE (M. Frény)

Air du *Voyage au pays de Cocagne.*

Je suis Blaguophone,
J'invente, j'étonne;
Et comme personne
Je fais tour à tour,

Pousser sur ma route
Par quiconque écoute
Des cris que redoute
L'ennemi du jour.
Le téléphone,
Le saxophone,
Le vocifone;
Sont tous mes enfants.
Le télégraphe,
Le phonographe,
Tout ça s'agraffe,
Autour de mes flancs.
Chromo — Photographe,
Gaffe — Pyroscaphe;
Presso — Lithographe,
Se mêlent chez moi.
Je suis calligraphe,
Je suis polygraphe,
Et mon pataraphe,
De tout ça fait foi.
Je précipite
Tout à ma suite ;
Je marche vite,
Je suis très pressé,
Car ma profonde
Verve féconde
Veut voir le monde
Blaguophonisé.

(Reprise de *Je suis Blaguophone*).

N° 21.   LE MAÇON (M. DENNEVILLE)

Air de *Marianne*.

L'musée expos'ra, pour mémoire,
Cet instrument dans un p'tit coin;
Comme un vieux document d'histoire,
Dont l'siècle, à tort, ne se sert point.

Dans cette cage,
Certes, je gage,
On pourrait mettre encor pas mal de gens ;
L'fripon prospère,
Et l'adultère
Pour l'occuper, s'raient nombreux de notr'temps
Aussi l'musé', voyez bien l'avantage,
Dans la grill'mettra l'visiteur,
Qui verra les faillis en chœur,
Tout autour de la cage.

Nº 22.   LA SIRÈNE (Mlle D'ARMELLES)

Valse nouvelle de M. G. Fragerolles.

Folle Sirène,
Déesse ou reine,
Comme Vénus sortant du sein des flots ;
Souple, élégante,
Et provoquante,
Tous les désirs me suivent sous les eaux.
Douce, charmeuse,
Voluptueuse,
L'onde se creuse
Sous mes attraits ;
Le flot s'irrise
Et s'humanise,
Car il se grise
De tous mes traits.
L'homme m'admire,
Souffre et soupire,
Il semble dire :
Si je pouvais !
Mon cœur se pâme,
Déesse ou femme,
A toi mon âme
A tout jamais !

(Reprise de *Folle Sirène*.)

N° 23.

DEUX CYGNES NOIRS
(M^mie B. d'Astand et Mlle Delort)

DEUX CYGNES BLANCS
(Mlle Paula Dupré et Mlle Reignier)

Air du *Grand Mogol*.

Dans les beaux pavillons chinois,
Que la ville nous fit construire,
Nous sommes là, comme des rois,
Qu'on envie et que l'on admire!

Premier Couplet.

Sur l'eau qui dort profondément,
Dans son cadre de verdure,
Glissant majestueusement,
Nous admirons la nature.
Nous poursuivons, nonchalamment,
Le papillon qui murmure;
Et notre col, souple, ondulant,
Glisse et ride l'onde pure...

(Reprise de *Dans les beaux pavillons*.)

Deuxième Couplet.

Sur notre duvet enchanteur,
L'eau qui jaillit perle et brille;
Le soleil y met sa lueur,
Comme un brillant qui scintille.
Nous écoutons battre les cœurs,
Qui jasent auprès des grilles;
Et nos longs baisers, près des fleurs,
Font rêver les jeunes filles!...

(Reprise de *Dans les beaux pavillons*.)

Nº 24.   LA CAROTTE (M. Fraysse)

LE CHOU (M. Hervier) — LE POIREAU (M. Dhostel)

L'OIGNON (M. Denneville)

Air de *Nous voilà*.

Nous voilà! (*quatre fois.*)
Qui nous hèle?
Qui nous appelle?
Nous voilà! (*quatre fois.*)
Sitôt qu'on nous appelle,
Holà!
Nous voilà.

LA CAROTTE

Premier Couplet.

C'est moi qui fais le bon estomac
Contre qui tout complote,
Car c'qui vaut mieux qu'l'absinthe et le tabac } (*bis.*)
Pour sûr c'est la carotte.

Deuxième Couplet.

Quoiqu'on me blague et qu'on m'trait'souvent
De légume de cam'lote,
J'en sais plus d'un, pour gagner de l'argent, } (*bis.*)
Qui cultiv'la carotte.

Nº 25.   LE POIREAU

Air de *M. Sébye*.

J'suis l'poireau! (*bis.*)
Minc'comme un'lam'de couteau,
Vert en bas et blanc en haut,
Vilain ou beau,
J'suis l'poireau!

Premier Couplet.

Le bouillon dans la marmite,
Fait d'l'œil parce qu'il est gras;
La viande en a tout l'mérite,
Moi, maigr'comme un échalas....

(Reprise ensemble de *J'suis l'poireau.*)

Deuxième. Couplet.

LE POIREAU

Un jour, un'cocott'me donne,
Un p'tit rendez-vous galant,
J'pos'trois heur's et n'vois personne,
Qu'est-c'que j'fais en l'attendant?

(Reprise ensemble *J'fais l'poireau.*)

N° 26.   ## LE CHOU

Moi, je suis le chou
Qu'on mange avec goût;
Comme on veut, l'on m'assaisonne;
Qu'on mette beaucoup
D'lard, ou pas du tout,
Tout autour de ma personne;
Du saucisson
Ou du jambon
D'Bayonne,
J'suis toujours bon
Quand la cuisson
M' mitonne.....

V'là pourquoi, partout,
On fait, grâce au chou,   } *Reprise*
D'la soupe au chou...étte et bonne } *ensemble.*

Nº 27. **L'OIGNON**

Premier Couplet.

Je suis un gentil trognon,
La briguedi-guedi, la briguedi-guedon !
Et je parfume l'haleine,
    La briguedondaine !
Rien n'vaut l'baiser d'un tendron :
    A l'oignon !
(*Tous*)   A l'oignon !

} (*bis.*)

Deuxième Couplet.

Le troupier en garnison,
La briguedi-guedi, la briguedi-guedon !
A la gamell'de sa s'maine,
    La briguedondaine !
Préfère un filet mignon :
    A l'oignon !
(*Tous*)   A l'oignon !

} (*bis.*)

Troisième Couplet.

L'héritier d'un p'tit million,
La briguedi-guedi, la briguedi-guedon !
Pour fair'croir'qu'il a d'la peine,
    La briguedondaine !
Emprunt'des larm's de guignon :
    A l'oignon !
(*Ensemble*)   A l'oignon !

} (*bis.*)

Nº 28. LA NOUVELLE LUNE (Mᴵˡᵉ B. QUÉRETTE)

Air des *Cent Vierges*.

On prend plat'côte ou culotte,
(*Ensemble*)   Lotte, lotte, lotte
Avec un peu d'jarret de veau,
(*Ensemble*)   Veau, veau, veau,

De carott's, un'petit'botte,
(*Ensemble*)   Botte, botte, botte,

D'l'oignon, du chou, du poireau,
(*Ensemble*)   Bien nouveau.

Sur le feu tout ça mijotte,
(*Ensemble*)   Sch, sch, sch....

Et sitôt que ça bouillotte,   (*bis*).
(*Ensemble*)   Rrr, rrr, rrr......

L'bouillon est fait, on sert chaud !
(*Ensemble*)   Chaud, chaud, chaud !

Nº 29.   SCAPIN (M. DUMORAIZE FILS)

Monologue en vers.

Oui, je pars et je quitte, avec insouciance,
Le Théâtre français, berceau de ma science ;
Je vais, de par le monde, exporter mon talent !
— Tu juges ma conduite, ô public insolent ?
Au lieu de t'incliner devant tous mes caprices,
Comme tu fis, cent fois, pour de piètres actrices !...
Tu me blâmes tout haut !... Egoïstes Français !
Vous voudriez, tout seuls, jouir de mes succès ?..
Et dérober ainsi sa part de joie au monde,
A l'univers entier, qui languit et succombe,
Enfiévré du désir... jusqu'ici sans espoir,
De vivre assez longtemps pour m'entendre et me voir.
Allons donc ! — A ce vœu, grand, noble et légitime,
Ne pas acquiescer, ce serait plus qu'un crime !
Adieu, Paris, adieu ! — Tu n'as pas décoré
L'acteur, de ce ruban qu'il a tant désiré :
Tant pis pour toi, Paris, car Scapin t'abandonne
Et tu ne pourras plus jouir de sa personne ;
Pas de hochet pour lui, — pour toi, pas de jouet !
Et, morbleu ! pas un mot, ou sinon, pan : le fouet !

———

N° 30. M. SCAPIN (M. Dumoraize fils)

Air de *En revenant de la Revue*.

Ne perdons pas une minute,
De notre temps si précieux !

LA DAME DU FIACRE 117 (M. Deltot)

Dépêchons, sans tambour ni flûte,
De nous rendre sous d'autres cieux ;

MOULAPAIN (M. Henry Min)

Prenez garde de faire une chute
C'est si dangereux la culbute !

LA NOUVELLE LUNE (Mlle B. Quérette)

Et gagnez beaucoup de gros sous,
Pour qu'on n'se fiche pas par trop de vous.

(Ensemble)

Pour nous ne craignez rien,
Les chos's se pass'ront bien ;
Nous épat'rons le populo
Par notre talent rigolo ;
En f'sant du boniment,
Nous f'rons tomber l'argent ;
En un mot, nous f'rons d'l'art
Tout comme Mme Sarah Bernhardt !

(Ensemble)

Gais et contents
Nous r'viendrons triomphants
D'ici deux ou trois ans,
Remplis d'galette ;
Et l'bon public
Quand nous reviendrons à pic,
A ce couple comic,
F'ra joyeuse fête !

N° 31.   CHŒUR FINAL

Maintenant, répètons en chœur :
Gloire, avenir, espoir, bonheur !
A la cité, dont le labeur,
Est le lot des hommes de cœur.
    Gloire, honneur !
A la grande ville française !
    Gloire, honneur !
A notre cité lyonnaise
    Gloire, honneur !
A son génie, à sa valeur,
    Honneur ! (bis)
    A sa valeur !